SCHLOSS HOHENLANDIN

Gabriele Koppe[1]

1 Eingangsseite von Nordosten.
Aufnahme Ende 19. Jahrhundert

Hohenlandin, Niederlandin und Pinnow bilden heute die Gemeinde Mark Landin, gelegen in der östlichen Uckermark, im Stolpischen Kreis, zwischen Angermünde und Schwedt.

Die Orte Hohen- und Niederlandin liegen dicht beieinander (Abb. 2). Welcher der beiden Orte der ältere ist, lässt sich nicht genau nachweisen. "Hohen" und "Nieder" bezeichnet die topographische Situation von höher bzw. tiefer gelegenen Ortschaften. Das höher gelegene Dorf war in der Regel die deutsche und die tiefer gelegene die slawische Siedlung. Eine Ortschaft Landin wurde schon in mittelalterlichen Chroniken erwähnt, da sie hi-storische Bedeutung erlangt hatte. Denn bei „apud landyn", im brandenburgischen Lager, unterzeichnete Herzog Barnim I. von Pommern (1217/19-1278) in dem Vertrag von 1250 die Abtretung der "Terra Ukera", die heutige Uckermark (bis zur Randow im Osten, im Norden bis einschließlich Pasewalk und im Westen bis zur Grenze mit Mecklenburg), an die brandenburgischen Markgrafen Johann I. (1213-1266) und Otto III. (1225-1267). Das in diesem "Landiner-Vertrag" erwähnte Lager „apud landyn" hatte vermutlich am sogenannten Kappenberg gelegen, an dem man später auch Waffen gefunden hat. Diese Erhöhung liegt zwischen Hohen- und Niederlandin und zur Erinnerung an diesen Vertragsabschluss setzte man später an dieser Stelle eine Linde.

Ähnlich wechselhaft wie die Geschichte der Uckermark, die im Mittelalter von Kämpfen der mecklenburgischen, pommerschen und brandenburgischen Fürsten um den Zugang zur Ostsee geprägt war, stellt sich auch die Besitzergeschichte von Hohenlandin dar.

Zur Besitzergeschichte

Im 14. Jahrhundert war von den „beiden Landin" und von "Hoghen Landyn" und "nedern Landyn" die Rede.[2] Erste urkundliche Nennungen von Hohenlandin erfolgten 1392 im Zusammenhang mit Kuno von Wichmannsdorf.[3] Die Familie Wichmannsdorf in Hohenlandin ist erst durch einen Lehnsbrief von Markgraf und Kurfürst Johann Cicero für Bertram, Ripprecht und Eggert belegt. Sie besaßen in "hoenlanndin den hof", wo schon "alde hennyng weichmannstorpp" gewohnt hatte, und einen zweiten Hof "dar Ronngere Wichmannstorp up gewonnet hat". Den Wichmannsdorfs gehörte neben Hohenlandin auch das nahe gelegene Felchow. Die Wohnhöfe und auch einen wüsten Kossätenhof in Hohenlandin sollen sie im 16. Jahrhundert

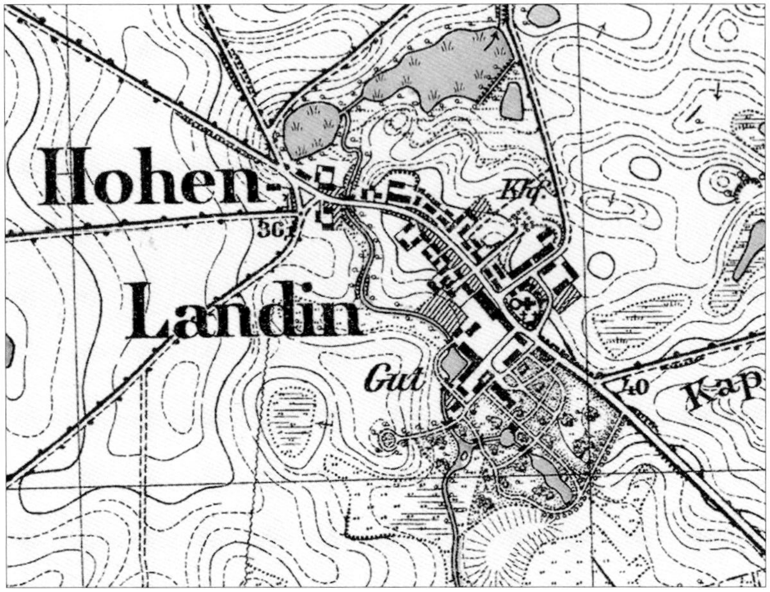

2 Messtischblatt von 1826

3 Familie Müller. Aufnahme vor 1900

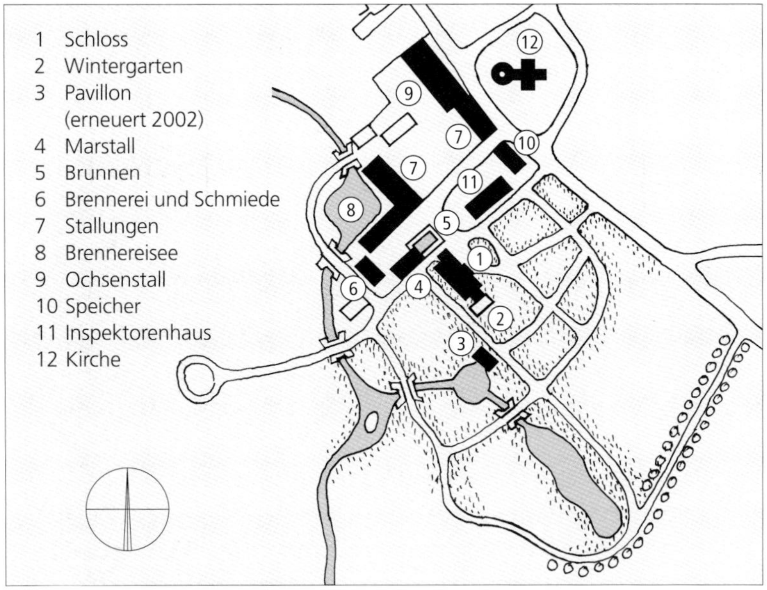

4 Lageskizze von Schloss und Gut Hohenlandin um 1936, auf der Grundlage des Messtischblattes von 1826

bzw. letzteren vor 1537 bewohnt haben. Auch 1608 werden ein Peter und 1635 ein Adam von Wichmannsdorf als wohnhaft in Hohenlandin genannt.[4] 1688 verstarb der letzte der Wichmannsdorfs in Hohenlandin.[5]

Da der Ort im Dreißigjährigen und im brandenburgisch-schwedischen Krieg sehr gelitten hatte und nur noch sieben Kossäten hier lebten, wurde das Gut dem Churbrandenburgischen Geheimen Hof- und Kammergerichtsrat, sowie ehemaligem Lehnssekretär der Wichmannsdorfs, Daniel von Stephany (Stephani) als eröffnetes Lehen verliehen. Er starb 1707, und seine Söhne, Daniel und Friedrich wurden erst 1713 mit Hohenlandin belehnt.[6] Die dem Lehnsbrief beigefügte Spezifikation des Besitzes von 1695 nannte die beiden Wohnhöfe der Wichmannsdorfs und 14 Hufen. Nur Daniel von Stephani bewohnte Hohenlandin bis zu seinem Tode 1733, während Friedrich zunächst in Köthen in der Altmark sesshaft war, bis er nach dem Tod des Bruders auch Hohenlandin übernahm. 1736 starb auch Friedrich von Stephani, dessen Söhne erst nach Volljährigkeit 1753 den Besitz teilen konnten.

5 Ansicht von Südosten mit Wintergarten. Lithographie aus: Alexander Duncker. Die ländlichen Wohnsitze ..., Bd. 4, 1861/62

Nur Hauptmann Daniel Christoph von Stephani, der in Prenzlau im Regiment Generalmajors von Oerzen (Oertzen) diente, übernahm Hohenlandin, und musste mehrfach Schulden „zur Verbesserung meines Gutes HohenLandin“[7] und zur Bezahlung der Pächter machen. 1760 heiratete er Charlotte Eleonore von Dieringshofen aus Niederlandin. Bis 1775 konnte Daniel Christoph das Gut halten, dann ging er in Konkurs und verkaufte den Besitz. Am 4. März 1776 erwarb Friedrich Wilhelm von Beer auf Stolzenhagen aus der Subhastation das Anwesen für 35 500 Taler. Seine Tochter, Amalie Wilhelmine von Beer, erhielt bei ihrer Heirat mit dem Generalmajor August Friedrich Wilhelm Franz von Zastrow am 29. Juli 1788 den Besitz Hohenlandin als Mitgift. Sie

6 Mittelrisalit mit Haupteingang und Balkon. Aufnahme 2006

7 Rundbogenfenster über dem Eingangsportal. Aufnahme nach 1900

nahm 1792 „zum Bau meines Hauses" ein Darlehn von 3.000 Taler von einem Holzinspektor Leidig aus Rathenow auf.[8] Ihr Gemahl, Generalmajor von Zastrow, verkaufte erneut am 17. Juni 1798 den Besitz mit dem gesamten Inventar an den Rittmeister Adolph Friedrich von Warburg für 80.000 Taler. Erst die Familie von Warburg begann, den Besitz Hohenlandin besonders im 19. Jahrhundert zu verändern, neu zu bebauen und weiter zu entwickeln.

Die Edlen Herren von Warburg gehen vermutlich auf ein Grafengeschlecht zurück, das im 11. und 12. Jahrhundert in Warburg in Westfalen residierte. Ihre Nachfahren zählten zu dem „sogenannten recipierten stifts- und klosterfähigen Adel"[9], gehörten zu den Zweigen Quaden-Schönfeld und Stolpe und lebten als „eingeborener Adel" in Mecklenburg-Strelitz. Die Warburgs erwarben, wie schon erwähnt, 1798 Hohenlandin. Der jüngere Bruder von Adolph Heinrich von Warburg, der Königlich preußische Generalmajor Ernst Friedrich Wilhelm, der 1813 ein Mecklenburg-Strelitzsches Husaren-Regiment begründet hatte, erwarb im Zusammenhang mit seiner Hochzeit mit Auguste Gräfin von Blankensee aus dem Hause Filehne, am 12. Juli 1818 für 108.000 Taler Hohenlandin mitsamt dem Inventar von seinem Bruder. Ein Verzeichnis des Inventars, aufgeführt nach den einzelnen Räumlichkeiten, gibt einen anschaulichen Einblick in die Lebenswelt des Landadels der damaligen Zeit (vgl. S. 10-14).[10] Ernst Friedrich Wilhelm wollte sich mit seiner Frau in diese „ländliche Abgeschiedenheit" zurückziehen, die Besitzungen ausbauen und unter Anleitung von Peter Joseph Lenné zu einem „lieblichen Aufenthalt" umgestalten. Nur vom Wirtschafts-

8 Balkon über dem Haupteingang. Aufnahme 2006

hof sind einige Gebäude, die er in dieser Zeit hatte errichten lassen, erhalten geblieben (Abb. 4). Auch die Anlage des ersten Parks, nach Plänen Lennés (Abb. 18),[11] ist bekannt, nur über das Aussehen des Herrenhauses gibt es keine Überlieferung. Nachdem Ernst Friedrich Wilhelm 1835 verstarb, übernahm zunächst seine Witwe die Pflege von Schloss, Park und Gut, und 1856 räumte sie ihrem Sohn, Wilhelm Georg, den Mitbesitz ein, nachdem sich dieser 1855 mit Elisabeth von Bonin aus dem Hause Lupow vermählt hatte.[12] Nach dem Tode seiner Mutter am 27. November 1859 wurde er alleiniger Besitzer von Hohen-

9 Nördliche Giebelseite mit Turm. Aufnahme 2006

landin. Er ließ 1860/61 ein neues Schloss "Warburg House" errichten (Abb. 1, 5), das den Zweiten Weltkrieg überstanden hat, erst durch einen späteren Brand wurde es bis auf die Umfassungsmauern zerstört. Mit dem Neubau des Schlosses hatte sich Wilhelm Georg von Warburg verschuldet, und er war gezwungen, das Anwesen an Helene und Richard Müller zu verkaufen, die es ihren vier Kindern, Kurt, Bernhard, Erna und Dora (Dola) zu gleichen Teilen vererbten (Abb. 3).[13] Bis 1945 blieb die Familie Müller, insbesondere nach dem Tod der Mutter, die unverheiratete Dora in Hohenlandin. Nach Kriegsende und der Bodenreform flüchtete Dora Müller nach Bad Doberan, wo sich ihre Spur verlor.

Hohenlandin umfasste 1861/62 etwa 4100 Magdeburger Morgen, davon ca. 400 Morgen Wald; der ganze Rest waren Ackerflächen von sehr guter Beschaffenheit. Außerdem gehörten das Vorwerk Augustenhof, eine Ziegelei und Wiesen im Oderbruch zum Besitz.[14]

Zur Baugeschichte von Schloss und Gut

Über die Vorgängerbauten des heutigen Schlosses gibt es keine genaueren Nachrichten. Bekannt ist, dass die Herren von Wichmannsdorf im 16. Jahrhundert in Hohenlandin zwei Wohnhöfe und vor 1537 auch einen wüsten Kossätenhof besaßen und bewohnten. Noch 1695 ist in einer Besitzspezifikation von diesen zwei Höfen der Familie von Wichmannsdorf und von dazugehörigen 14 Hufen die Rede.

Erst mit Ernst Friedrich Wilhelm Freiherr von Warburg, der 1818 Hohenlandin übernommen hatte, gibt es Angaben über einen umfassenden Umbau des Gutes. Welche Gebäude davon betroffen waren, ist nicht zu sagen. Belegt ist nur, dass er Peter Joseph Lenné mit der Planung eines Parks und mit Veränderungen der Gutsanlage beauftragt hatte. Ein Plan von Lennés Hand aus der Zeit um 1820/22 ist überliefert (Abb. 18).[15] Das Messtischblatt von 1826 verzeichnet jedoch noch keinerlei Umgestaltungen, d. h., dass mit der Anlage vermutlich noch nicht begonnen worden war. Lenné hatte in seiner Planung die alte Anordnung der Gutsanlage aufgebrochen. Dazu war es notwendig gewesen, drei südöstlich liegende Gebäude abzureißen, zwei Häuser auf der Nordseite zu einem langgestreckten Bau zusammenzuziehen und weitere Neubauten in Richtung des Dorfes entstehen zu lassen. Damit stand das alte Herrenhaus, dessen Aussehen wir nicht kennen, das ursprünglich an der südwestlichen Seite der quadratischen Anlage gestanden hatte, nun fast frei. Blickachsen konnten nun nach Osten, Süden und Westen entwickelt und angelegt werden. Lenné hatte auf diese Weise zwei voneinander separierte Zonen geschaffen, die des herrschaftlichen Wohnens im Süden und die der Wirtschaftshöfe, in Richtung des Dorfes, im Norden. Ein neues Verwalterhaus sollte zwischen beiden Zonen funktional vermitteln. Betont wurde diese Trennung dadurch, dass eine großzügig geschwungene Einfahrt zum Herrenhaus durch eine dichte Abpflanzung die Wirtschaftshöfe separierte.

Unter Wilhelm Georg von Warburg entstanden, noch zur Zeit seines Mitbesitzes, zunächst in unmittelbarer Nähe des alten Herrenhauses, jedoch schon im Bereich des Parks, eine Dampfbrennerei, eine Dampfgetreidemühle und ein Marstall. Erst 1860/61 ließ Warburg das alte Herrenhaus abreißen und auf den Fundamenten einen neuen großartigen Schlossbau nach Plänen von Ferdinand Neubart in neogotischen Formen errichten (Abb. U1, 1, 5, 10). Ferdinand Neubart (1798-1884) stammte aus einer auf

10 Parkseite des Schlosses von Südwesten. Aufnahme 2006

dem Barnim tätigen Baumeisterfamilie aus Wriezen.[16] Er hatte schon einige Erfahrungen im Schlossbau gesammelt, denn 1854-1857 führte er den Entwurf Friedrich Hitzigs für das Schloss in Schlagenthin (Kreis Angermünde) aus, das ebenfalls, wie später auch Hohenlandin im sogenannten "Normannischen Styl" ausgeführt worden war, und ab 1870 veränderte er für Heinrich von Schönburg-Glauchau die Dreiflügelanlage des Schlosses Gusow im englischen Castle-Style.[17] Es ist anzunehmen, dass Neubart an der Berliner Bauakademie ausgebildet worden ist und er auch weiterhin berufliche Kontakte nach Berlin pflegte.

Baubeschreibung des Schlosses

Das Schloss von Hohenlandin, einst eine großartige asymmetrische Anlage im „correcten normännischen Baustyl" (Duncker) oder im "Tudor-Stil" von Ferdinand Neubart 1861 erbaut, wurde, wie schon erwähnt, nach seinem Erbauer Wilhelm Georg von Warburg, auch "Warburg-House" genannt. Heute stehen nur noch die Umfassungsmauern dieser großartigen malerischen, einst vielleicht auch wehrhaft wirkenden Schlossanlage (Abb. U1, 6 bis 8, 10, 12), denn ab 1950 verfiel das Gebäu-

11 Südliche Giebelseite mit Wintergarten.
Aufnahme nach 1900

12 Südliche Giebelseite.
Aufnahme 2006

de infolge mangelnder Reparaturen und späteren Leerstandes, bis 1977 das Schloss seitens der Gemeinde aufgegeben wurde.

Über hohem Sockelgeschoss erhebt sich ein zweigeschossiger Putzbau, der in der Höhe unterschiedlich gestaffelt ist und aus einzelnen Baukörpern besteht. Die Mittelrisalite der 13-achsigen Eingangs- und Gartenseite sind dreigeschossig. Durch Gesimse eingefasste Brüstungsbänder betonen die horizontale Absetzung der Geschosse. Die Schmalseiten werden von mehrgeschossigen Türmen flankiert (Abb. 11, 12). Ursprünglich waren die verputzten Außenfassaden in einem hellen Orange farbig gefasst. Zwei Treppentürme, der eine fünfgeschossig, der andere dreigeschossig, flankieren die Stirnseiten. Achtseitige Ecktürmchen sowie Zinnen, die auch den ganzen Bau umziehen, betonen den oberen Abschluss der Bautengruppe. Unterhalb der Traufe umzogen Rundbogenfriese die Fassaden und Türme, heute nur noch am Mittelrisalit und an den Treppen-

Fräulein Dora Müller hielt sich hauptsächlich in den Zimmern des Erdgeschosses auf und eine Hausdame kümmerte sich um ihre persönlichen Dinge und um ihre Garderobe. Für das Schlachten und Buttern, sowie für den Lebensunterhalt auf dem Gut, war eine Mamsell zuständig. Zwei Hausmädchen und das Küchenmädchen wohnten in zwei Räumen des Kellergeschosses, wo auch die Küche, der Butterkeller mit der großen Zentrifuge, der Gemüse-, der Fleisch- und der Kohlenkeller lagen. Im mittleren Kellerraum mit Säulen und Tellerkapitellen standen Holzbänke, wo die Mädchen aßen oder ihre Hausarbeiten verrichteten (Abb. 14). In einem Zimmer des Obergeschosses wohnte zu dieser Zeit die alte Mamsell, die früher auf dem Gut gedient hatte und hier ihren Lebensabend verbrachte. Daneben lagen die Fremdenzimmer, die zeitweise vom Bruder Kurt Müller oder in den Sommermonaten von der Schwester bewohnt wurden" (Abb. 15). Für das Hausmädchen Regina Wille lief das Leben auf dem Schloss in regelmäßigem Tagesablauf ab: „Um sechs mußte die Tür aufgemacht werden. Der große Eisenriegel wurde weggeschoben, damit Herr Iben mit der Milch reinkam. Zwei große Kannen Milch ausm Kuhstall mußte ich mit den Küchenmädchen zusammen durch die Zentrifuge machen und dann Sahne aufstellen. Zweimal in der Woche wurde mit so einem richtig großen Fass gebuttert. Zwischen halb acht und acht gab es Frühstück für die Inspektoren. Die Mamsell hat den Teller mit Wurst, Butter, Marmelade, mit Kaffee und Milch vorbereitet und ich habe es ihnen rüber ins Wirtschaftshaus gebracht. Das war meine erste Arbeit am Tag. Im Winter natürlich heizen und die alte Mamsell versorgen. Nachher musste ich drüben erst bei den Inspektoren sauber machen, Betten und Waschzeug herrichten und Wasser wieder hinstellen, sowie das Frühstücksgeschirr abwaschen. Dann waren die Zimmer der alten Mamsell und der amtierenden Mamsell dran. Bis mittags mußte das alles erledigt sein. Pünktlich um Zwölf gab's Essen, nachmittags Kaffee und abends wieder ein gemeinsames warmes Abendessen. Die Mahlzeiten habe ich jedes Mal den Inspektoren gebracht und war danach für das Abwaschen und Herrichten zuständig. Zwischendurch mal Einwecken oder etwas anderes helfen. Das war der normale Tagesablauf".

17 Ausblick aus dem Schloss in den Park. Aufnahme nach 1900

18 Gartenplan von Peter Joseph Lenné.
Kolorierte Zeichnung von 1822

Ende der dreißiger Jahre vereinsamte Fräulein Dora Müller immer mehr. Teile des Hauses wurden nicht mehr genutzt und verwahrlosten. Im Sommer 1937 verließ Regina Wille nach einer Meinungsverschiedenheit mit der Gutsherrin Hohenlandin und zog nach Schwedt. Erst 1947 kehrte sie zurück nach Niederlandin, traf aber Dora Müller nicht mehr an, denn diese musste 1945 das Schloss verlassen, sie floh nach Bad Doberan, wo sich ihre Spuren verloren haben. Regina Wille, verh. Grunz, verstarb im Frühjahr 2005, sie war die letzte Zeugin des Lebens im Schloss.

„Sie war mit ihren damals 88 Jahren eine außergewöhnliche Frau, die Weisheit, Klarheit, Witz und Mut zur Wahrheit verkörperte". Auf die Frage, ob ein Gebäude eine Seele habe, antwortete sie: „Ich glaube, ein Gebäude hat eine Seele. Durch die Menschen, die drin gelebt haben – mit allen Freuden und mit allen Leiden".

Der Park

Die Gestalt der Gartenanlagen von Hohenlandin im 17. und 18. Jahrhundert ist nicht überliefert. Erst mit dem Erwerb des Gutes durch Ernst Friedrich Wilhelm Freiherr von Warburg im Jahre 1818 hatte dieser Peter Joseph Lenné beauftragt, einen neuen Park zu entwerfen und anzulegen. Der erhaltene historische Plan, um 1820 oder 1822 gezeichnet, dürfte eine eigenhändige Arbeit von Lenné sein. Die Ausführung erfolgte offensichtlich erst später, da das Messtischblatt von 1826 noch keine Veränderungen registrierte (Abb. 18).

Eine ausführliche Beschreibung dieses Lenné-Planes findet sich bei Harri Günther: „Der Plan besticht durch seine Großräumigkeit, zurückhaltende Bepflanzung, als auch durch die sich den Parkgrenzen anschmiegende Wegeführung. Der Gutshof wird durch eine mit vier Gehölzgruppen besetzte Rasenfläche aufgewertet, die Rückseiten der Wirtschaftsgebäude sind dicht abgepflanzt. Die Gartenseite des Gutshauses hat zunächst – wohl wegen des abgepflanzten Wirtschaftsgebäudes – einen eiförmigen Rasenteppich. Dann erst beginnt der seitlich sehr lebhaft behandelte Gartenraum, überquert einen kleinen Wasserlauf, durchbricht eine Pyramidenpappel-Reihung, um dann in der Landschaft auszuklingen. Der Wasserlauf erweitert sich blasenartig in dem wirkungsvollen Teil vor dem Wirtschaftsgebäude, den er fast zu einem Drittel ausfüllt.

Von der Freitreppe führt eine weitere Sicht seitlich durch den zweiten, fast viereckigen Gartenraum, während von einer Rundbank neben dem Schloss ein schmaler Blick über den ovalen Teich auf die Feldflur eilt. Der restliche großflächige Teil weist wenig Pflanzungen auf, einzelne, hainartig gesetzte Bäume, dafür aber fünf Sichten in die Landschaft".[22]

Lenné hatte die alte Gutsanlage aufgebrochen, dabei wurden die südöstlichen Bauten abgetragen und die Häuser an der Nordseite zu einem langgestreckten Gebäude zusammengefasst

19 Blick von Süden aus dem Park zum Schloss, rechts der neue Pavillon von 2002. Aufnahme 2006

und weitere Bauten in Richtung zum Dorf neu errichtet. So stand nun das Herrenhaus fast frei und entwickelte Blickachsen nach Osten, Westen und Süden. Somit waren zwei separate Bereiche geschaffen worden, südlich der des herrschaftlichen Wohnens und nördlich die Wirtschaftshöfe, die abgepflanzt wurden. Das Verwalterhaus zwischen beiden Bereichen übernahm sozusagen die funktionale Vermittlung. An der Eingangsseite des Herrenhauses lag eine geschwungene Freitreppe und an der Gartenseite führte die Hauptachse, die eine oval geformte Freifläche durchschnitt, entlang an dichten Baumgruppen und an Baumreihen in die freie Landschaft, außerhalb des Parks (Abb. 7). Ein im Halbkreis um das Herrenhaus angelegter

20 Ehemalige Dampfbrennerei. Aufnahme 2006

Weg grenzte eine dichte Bepflanzung von weiten, durch elegante Wegeführung bestimmte Rasenflächen ab.

Die Angabe der Gewässer auf Lennés Plan entsprechen weitgehend jenen auf dem Messtischblatt, allerdings gab Lenné den Wasserläufen mehr Bewegung. Der ovale Teich im Nordwesten des Schlosses wurde aufgestaut, er geht auf den ursprünglich westlich des Schlosses verlaufenden Landiner Abzugsgraben zurück. Außerdem hatte Lenné einen südlich des Schlosses vorhandenen kleinen Teich in die Parkanlage einbezogen, an dieser Stelle war auch das Teehaus geplant worden (Abb. 19). Dagegen lag an der nordöstlichen Parkgrenze auf einem Hügel der Eiskeller, der in keinem Park fehlen durfte. Zwischen diesem und dem Teehaus war eine weitere Sichtachse geplant, wurde offensichtlich aber nicht ausgeführt. Nach dem Tod von Ernst Friedrich Wilhelm von Warburg 1835, widmete sich vor allem seine Witwe Auguste Gräfin von Blankensee intensiv um den inzwischen gewachsenen Park. In Schlossnähe hatte man die radial geführten Wege dicht bepflanzt, sodass sie die Parkwiesen voneinander abgrenzten. Eine dichtere Bepflanzung war ebenfalls am äußeren Parkrand erfolgt, im Bereich der Sichtachsen wurde sie jedoch unterbrochen.

Der Park, heute verwahrlost und durch Wildwuchs überwuchert, weist nur noch einige der ursprünglichen Baumgruppen auf. Die Lennésche Struktur ist kaum noch zu erkennen. Ein Teil des aufgestauten Teiches vom Landiner Abzugsgraben hat sich erhalten können (Abb. 19). Die von Lenné angelegten Wege sind nicht mehr nachzuweisen, vielleicht waren sie nicht befestigt. An der Stelle, wo einst Lennés Teehaus am kleinen Teich, südlich des Schlosses stand, erhebt sich heute ein Pavillon, der 2002 errichtet worden ist (Abb. 19). Mehrere Parkflächen hat man mit Bauaushub zugeschüttet. Eine größere Parkpartie vor der Gartenseite des Schlosses dient heute als Festplatz, wo alljährlich im Juli die Feste der Gemeinde stattfinden. Von der einst den Park umschließenden Mauer, die allerdings nicht von Lenné geplant worden war, existieren noch wenige Reste. Die Gesamtanlage bedarf dringend der Pflege nach gartenhistorischen Grundsätzen.

Die Wirtschaftsgebäude

Das älteste erhaltene, aber leer stehende Wirtschaftsgebäude vom Beginn des 19. Jahrhunderts, ist der nordöstlich des Schlosses an der Straße liegende Speicher (Abb. 21). Der verputzte zweigeschossige Backsteinbau über Feldsteinsockel ist fünf Achsen lang und drei Achsen breit, er besitzt ein Krüppelwalmdach. Die rechteckigen Öffnungen im Erdgeschoss, heute zugesetzt, und die halbrund geschlossenen im Obergeschoss sitzen auf kräftigen Gesimsen auf. Die Mittelachsen sind betont durch Rundbogenabschluss und durchgehende Blenden. Der Fassadenputz ist nur noch teilweise erhalten, so daß sowohl die ursprüngliche Fassadengliederung, als auch spätere Veränderungen sichtbar werden.

Nachdem Wilhelm Georg Freiherr von Warburg Hohenlandin 1856 von seiner Mutter in Mitbesitz erhalten hatte, begann er den Wirtschaftshof umzugestalten, um eine größere Wirtschaftlichkeit zu erreichen und dem Grundbesitz höhere Geltung zu verschaffen. Zuerst ließ er südwestlich des Schlosses eine Dampfbrennerei errichten, deren Dach heute eingefallen ist (Abb. 20). Außerdem entstanden gleichzeitig eine Dampfgetreidemühle und ein Marstall.[23] Später ließ er nordöst-

21 Ehemaliger Speicher an der Straße. Aufnahme 2006

lich der Dampfbrennerei einen Stall für Zugtiere (Pferde und Ochsen) anschließen, der heute leer steht (Abb, 22, 23, 24). Zwischen Zugtierstall und Schloss stand einst der Kutschstall, der vom Schloss durch einen Zaun mit Tor getrennt war. Auf der Ansicht von Duncker von 1861/62 ist dies zu erkennen (Abb. 5). Der gepflasterte Weg, der durch das Tor führte, ist heute von Unkraut überwuchert.

Der leerstehende, gut erhaltene, langgestreckte Ochsenstall besitzt zwei Geschosse über einem Feldsteinsockel. Die Längswände sind durchgehend mit Lisenen gegliedert und die stufenförmigen Giebelwände mit Zwerggalerien werden von einem gestaffeltem Dreiecksgiebel abgeschlossen (Abb. 22, 23). Das Erdgeschoss zeigt in den Blenden Rechtecknischen mit Flachbogenabschluss und im Obergeschoss zwei bzw. drei

22 Ehemaliger Ochsenstall. Aufnahme um 1950

23 Ehemaliger Ochsenstall. Aufnahme 2006

Rechteckfenster oder Blendnischen. Das Untergeschoss ist innen kreuzgratgewölbt (Abb. 24). Die ehemals an den Ochsenstall angrenzende große Scheune an der Straße und der alte Kuhstall gegenüber auf dem Gutshof wurden beide in den letzten Jahrzehnten abgerissen.

Das ehemalige, ursprünglich zweigeschossige Inspektorenhaus vor dem Schloss, verlor 1945 das Obergeschoss und das Dach. Danach wurde ein neues Dach aufgesetzt, und nach verschiedenen Umbaumaßnahmen zog hier der Gemeindekindergarten ein. Im Keller waren einst Werkstätten für Handwerker, z. B. für Sattler, untergebracht. Auf dem ehemaligen Schloss-Vorplatz legte man einen Kinderspielplatz an.

Der Besitz von Richard Müller und seinen Erben, der von Ferdinand Loechel verwaltet wurde, betrug 1929 u. a. 1100 Schafe, 162 Stück Rindvieh und 120 Schweine, 1048 ha und eine Brennerei.[24]

Hohenlandin nach 1945

Schloss und Gut hatten den Zweiten Weltkrieg gut überstanden, aber im Zuge der Bodenreform musste die letzte Gutsherrin, Dora Müller, ihren Besitz verlassen. Land und Gebäude wurden unter Neubauern aufgeteilt. Das Schloss, zwischenzeitlich als Getreidelager genutzt, diente zunächst vorwiegend Flüchtlingen aus Schlesien als Notunterkunft. Den "Gelben Saal" unterteilte man durch Zwischenwände, das Eichenzimmer durch Möbelstücke. 35 Familien fanden hier Zuflucht. Die mitgebrachten Pferde und Kühe wurden in den leeren Gutsställen untergebracht. Am Schloss zerstörte man als erstes die herrschaftlichen Symbole: Den Löwenköpfen über dem Portal wurden die Zähne ausgeschlagen und den Adlern die Krallen abgebrochen. Auch der als nutzlos betrachtete kleinere Treppenturm an der Nordwestseite sollte abgerissen werden, er hielt aber den Zer-

24 Kreuzgewölbe im Erdgeschoss des ehemaligen Ochsenstalles. Aufnahme 2006

störungen stand und trug nur kleinere Beschädigungen davon. Auch den stattlichen Wintergarten an der Ostseite, einen Stahl-Glas-Bau, riss man ab, um das Glas für die Fenster der Neubauernhäuser verwenden zu können und den Stahl verarbeitete man zu Schrott. Von dem ursprünglichen Fliesenboden blieben nur wenige der achteckig geformten Fliesen erhalten.

Der langsame Verfall des Schlosses begann, als die Decke über dem Eichenzimmer infolge von Überlastung einbrach. Die Bewohner zogen daraufhin in den unterdessen ausgebauten Ochsenstall. In einigen Schlossräumen war auch die Schule untergebracht. Da notwendige Reparaturen unterblieben, sei es aus Material- und Geldmangel oder aus Desinteresse, schritt der Verfall des Baues weiter voran. Die Klassenräume wurden daher immer wieder in andere, noch nutzbare Schlossräume verlegt, bis auch das nicht mehr möglich war. 1977 musste man das Schloss infolge mangelnder Statik und aus Sicherheitsgründen aufgeben. Alles, was noch brauchbar war, wurde herausgerissen und für die Brenn- und Baustoffgewinnung nutzbar gemacht. Sogar der Schiefer vom Schlossdach wurde 1980 abgetragen, um im Nachbarort Passow eine Dachreparatur an einem ausgebrannten Einfamilienhaus vorzunehmen. So sorgten nach und nach auch Wind und Wetter für weitere Zerstörungen des Schlosses. Die Dachkonstruktionen und die Zwischendecken stürzten ein, überall bröckelte der Putz (Abb. 16). Die einstigen Wandverzierungen und Stuckaturen sind an einigen Stellen noch zu erkennen. Wenige Dachbalken und einige Stuckteile konnten geborgen werden, sie wurden nummeriert und lagern in einem Berliner Depot. Heute existieren nur noch die desolaten Umfassungsmauern und der ruinöse Zustand schreitet fort.[25]

Die Kirche

Gegenüber vom Schloss, auf der Nordostseite, steht auf einer Anhöhe jenseits der Straße die kleine Dorf- und Patronatskirche. Der rechteckige, flachgedeckte Feldsteinbau mit eingezogenem Rechteckchor, stammt aus der 2. Hälfte des 13. Jahrhunderts (Abb. 25). Nach Schäden von 1945 erfolgte eine Restaurierung, bei der auch der Westgiebel in Backstein mit drei blendenüberfangenen Lanzettfenstern erneuert wurde. Erhalten sind die frühgotischen Spitzbogenfenster und -portale an der Nord- und Südseite, zum Teil sind sie vermauert. Die Ostwand besitzt eine Dreifenstergruppe und im Giebel drei Spitzbogen- und eine Kreisblende. Die einfache Innenausstattung erfolgte im 19. Jahrhundert in neugotischem Stil. Die Kirche ist von einem Friedhof umgeben. An der Chorseite liegt das von einem Gitter umzäunte Erbbegräbnis der letzten Gutsbesitzerfamilie Müller.

Anmerkungen

1 Der Text fußt auf einer Arbeit von Claudia Kaatzsch, die 2005 als Magisterarbeit an der TU Berlin einen Film über Hohenlandin gedreht und freundlicherweise zur Verfügung gestellt hat. Vorliegende Ausführungen wurden von der Herausgeberin der Reihe „Schlösser und Gärten der Mark“, Sibylle Badstübner-Gröger, nochmals überarbeitet. Für die Unterstützung sei auch Herrn Bürgermeister Franz Prätzel herzlich gedankt.

2 Duncker /Herrenhäuser 2000, Bd. II, S. 259-262, hier auch weitere Quellenangaben.

3 Duncker/Herrenhäuser 2000, Bd. II, S. 259.

4 Ebenda, S. 259-260.

5 Nach Duncker Bd. 4, 1861/62, S. 196f. wird 1674 noch ein Johann Ernst v. Wichmannsdorf als Herr in Hohenlandin genannt und 1683 tritt ein Johann v. Howeck als Eigentümer auf. Aus dessen Besitz ging das Anwesen durch Kauf an den “chur- Brandenburgischen Geheimen Hof- und Kammergerichts- Rath, auch Lehns- Secretarii Daniel v. Stephany“ über.

6 Duncker/Herrenhäuser, Bd II, S. 260.

7 Ebenda, S. 260.

8 Ebenda, S. 260.

9 Nach Duncker Bd. 4, 1861/62, S. 196f und Duncker/Herrenhäuser 2000, Bd. I, S. 108.

10 Duncker/Herrenhäuser 2000, Bd. II, S. 260.

11 Der Lenné-Plan, aufbewahrt in der Plankammer der Stiftung Preußische Schlösser und Gärten Berlin-Brandenburg, vgl. Harri Günther, Peter Joseph Lenné, Gärten/Parke/Landschaften, Berlin 1985, Abb. S. 159. Vgl. Anm. 22.

12 Duncker 1861/62, Bd. 4, 1861/62, S. 196f. – Duncker 2000, Bd. 1, S. 109.

13 Mitteilung von Alexandrine Müller-Wusterwitz (1.3.2007): Kurt, unverheiratet, besaß noch das Gut Kurow bei Stettin, von dem aus er auch Hohenlandin verwaltete. Bernhard, verheiratet mit Marie-Luise Heine, kaufte sich ein eigenes Gut Wusterwitz, Krs. Soldin, in der ehem. Neumark. Erna, verheiratet in 1. Ehe mit Hochstraßer (ein Sohn), die 2. Ehe mit Geiger blieb kinderlos, sie lebte zuletzt in Frankfurt/Main.

14 Duncker/Herrenhäuser 2000, Bd. I, S. 109.

15 Vgl. Anm. 11 und 22.

16 Die aus Wriezen stammende Baumeisterfamilie Neubart / Neubarth geht auf einen Johann Christoph Neubarth zurück, der 1735 als Maurergesell im Bürgerbuch von Wriezen aufgeführt wird. Sein Vater Christoph, ein Maurer aus Nebe im Hallischen, war schon vor 1735 nach Wriezen gekommen. Christoph Neubarth wird in Verbindung mit dem Bau von Reichenow genannt (Schmidt, Wriezen 1932). Ebenda werden genannt „als letzte Neubarts Christoph Heinrich Neubart (26 .2.1783-1.9.1860), verheiratet mit Sophie Stenzel (1.7.1782-7.8.1836); Johann Neubart (14.11.1835-13.1.1867) und Ferdinand Neubart (29.8.1798-8.5.1884), der u.a. auch in Hohenlandin tätig war. 1866 wird er als Altmeister der Baumeister-Innung von Wriezen erwähnt. Zu Neubart, siehe auch, Raik Menzel, Schloss Gusow, Zur Verbreitung des „Tudorstils“ Mitte des 19. Jahrhunderts in Brandenburg, Magisterarbeit TU Berlin 2007, S. 72-75. – Schon 1801 ist in Quilitz/Neuhardenberg im Umkreis

25 Dorfkirche von Südosten. Aufnahme 2006

des jungen Schinkel beim Kirchenbau nach dem Brand von einem Carl Friedrich Neubarth d.Ä. (gest. 1805) oder einem Johann Heinrich Neubart d. J. die Rede, ihm oblag die Kostenplanung für Kirche, Pfarr- und Schulhaus.

17 Eggers 2001, S. 14-15

18 Duncker/Herrenhäuser 2000, Bd. I, S. 109, bzw. Duncker Bd. 4, 1861/62, S. 196f.

19 Zitiert bei: Duncker/Herrenhäuser 2000, S. 260.

20 Vgl. Interview von Claudia Kaatzsch mit Regina Wille 2003, hier auf S. 11-14. Der Bericht basiert auf den Erinnerungen des Hausmädchens und aus dessen Perspektive.

21 Interviewaufzeichnungen von Claudia Kaatzsch mit Regina Grunz geb. Wille, 2003, die für ihren Film „Licht durch Scherben – Hohenlandin, das Dorf und das alte Herrenhaus“ (Magisterarbeit 2005 an der TU Berlin) aufgenommen wurden.

22 Günther 1985, S. 155 – 157, Duncker/Herrenhäuser 2000, Bd. II, S. 260, datiert den Plan 1822. Auf der Rückseite des Planes ist in Bleistift der Aufriß der Giebelfront eines Tempels angegeben, ob es sich hier um eine geplante Gartenarchitektur handelt, ist nicht zu belegen. Vgl. Anm. 11 und 15.

23 Duncker/Herrenhäuser 2000, Bd. II, S. 261.

24 Freundliche Mitteilung von Frau Alexandrine Müller-Wusterwitz, 2007:

Auszug aus Niekammer's Güteradressbuch der Provinz Brandenburg 1929, S. 8: Als Besitz der Richard Müller'schen Erben war eingetragen: Grundsteuer-Reinertrag 20 133 Reichsmark; 1048 ha, davon 870 ha Acker und Gartenland, 33 ha Wiesen, 11 ha Weiden, 88 ha Holzungen, 46 ha Hofraum, Wege, Wasser; Viehbestand: 68 Pferde, 162 Rindvieh, davon 55 Kühe, 1100 Schafe, 120 Schweine. Eine Brennerei.

25 In Berlin (Alt-Moabit 89, 10559 Berlin) hat sich 2005/06 ein Förderkreis Schloss Hohenlandin gegründet (Peter Strelczyk), der sich sowohl um den Erhalt der baulichen Reste, als auch um die Planung eines Wiederaufbaus bemüht. 2019 gründete sich in Hohenlandin der „Freundeskreis Speicher und Schloss Landin e.V. „ , der sich als Interessenvertretung der Denkmäler in Landin sieht.

Literatur

Bohle-Heintzenberg, Sabine / Manfred Hamm: Architektur und Schönheit. Die Schinkelschule in Berlin und Brandenburg, Berlin 1997, S. 192-193, 206.

Dehio, Georg: Handbuch der Deutschen Kunstdenkmäler, Brandenburg, bearb. von Gerhard Vinken u.a., Berlin 2000, S. 455-456.

dpa: Rettung für das uckermärkische Schloss Hohenlandin. Die Landiner und die Studenten aus Berlin wollen das Herrenhaus im Tudorstil wieder zu neuem Leben erwecken. In: Die Welt, 10.09.2006.

Dehio, Georg: Handbuch der Deutschen Kunstdenkmäler, Brandenburg, bearb. von Gerhard Vinken, Barbara Rimpel u.a., Berlin/München 2012, S. 483.

Duncker, Alexander: Die Ländlichen Wohnsitze, Schlösser und Residenzen. Bd. 4, 1861-62, S. 196f.

Duncker, Alexander – Herrenhäuser in Brandenburg und der Niederlausitz. Hrsg. Peter Michael Hahn und Hellmut Lorenz, 2 Bde, Berlin 2000, Bd. I, S. 108-109; Bd. II, S. 259-262.

Eggers, Barbara: Schloss Gusow (= Schlösser und Gärten der Mark), hrsg. Sibylle Badstübner-Gröger, Berlin 1993; 2. verb. Aufl. 2001.

Dies.: Das Schloss Gusow, München/Berlin 1995.

Enders, Liselott: Historisches Lexikon für Brandenburg, Teil VIII: Uckermark, Weimar 1986, S. 561-564 (= Veröffentlichungen des Staatsarchivs Potsdam, Bd. 21).

Endmann, Sabine: Das vergessene Prachtschloss. Hat das einstige "Warburg House" in Landin eine Chance? Bürger engagieren sich für den Erhalt des historischen Erbes. In: Uckermark-Anzeiger 24.08.2002.

Günther, Harri: Peter Joseph Lenné. Gärten – Parke – Landschaften, Stuttgart 1985, S. 155-156, 159, 164, 195.

Hinz, Gerhard: Peter Joseph Lenné, Das Gesamtwerk des Architekten und Städteplaners. 2 Teile, Hildesheim/Zürich/New York 1989, Teil II, S. 237-239, Abb. 81.

Kaatzsch, Claudia: Schloss Hohenlandin, Typoskript 2006; darin: Bemerkungen der Regina Grunz geb. Wille (1915-2005), ehem. Hausmädchen der letzten Eignerin Dora Müller, über das Leben auf dem Gut und im Schloss.

Karg, Detlef und Hans-Joachim Dreger u.a.: Peter Joseph Lenné – Parks und Gärten im Land Brandenburg, Werkverzeichnis, Worms 2005, S. 74-76.

Die Kunstdenkmäler der Provinz Brandenburg, Bd. III, Teil 3, Kreis Angermünde, bearb. von Paul Eichholz und Otto Korn, Berlin 1934, S. 398-399.

Leibetseder, Mathis und Werner Heegewald: Gestaltete Landschaft, Archivalische Quellen zu Schlössern und Gärten im Land Brandenburg, Berlin 2004, BLHA, Rep. 6 B Angermünde, Nr. 71 (Acta des Königl. Landraths-Amts zu Angermünde betreffend die Ertheilung von Bau- Contracten; März-September 1867, u.a. Grundriß und Profil eines Wirtschaftsgebäudes am Rande des Parks für den Rittergutsbesitzer Müller zu Hohenlandin. Angermünde, im Juny 1867).

Menzel, Raik: Schloss Gusow. Zur Verbreitung des "Tudorstils" Mitte des 19. Jahrhunderts in Brandenburg. Magisterarbeit der TU Berlin, 2007 (ungedruckt).

Piltz, Georg und Peter Garbe: Schlösser und Gärten in der Mark Brandenburg, Leipzig 1987, S. 197.

Rave, Paul Ortwin: Verzeichnis der alten Gärten und ländlichen Parke in der Mark. In: Brandenburgische Jahrbücher 14/15, Potsdam-Berlin 1939, S. 143-190, Nr. 15, S. 162 (mit Abb.).

Schmidt, Rudolf: Wriezen, Geschichte der Stadt in Einzeldarstellungen, 2 Bde. (=Oberbarnimer Heimatbücher, Bd. 11.12), Bad Freienwalde 1931/1932.

Ders.: Hohen- und Niederlandin, in: Aus der Heimat, Jg. 1914, S. 1329-1330, Eberswalde 1914.

Wendland, Folkwart u. Folkwin: Gärten und Parke in Brandenburg. Die ländlichen Anlagen in der Mark Brandenburg und der Niederlausitz, Berlin 2015, Bd. II, S. 213-216.

Zuchold, Gerd-H.: Edle Einfalt, Stille, Größe – Herrenhäuser in der Mark – Glanzlichter preußischer Kultur, in: Die Mark Brandenburg, Jg. 1991, H. 3, Berlin 1991.

Heft 171

Veröffentlicht 2007 für den
„Freundeskreis Schlösser und Gärten der Mark“
in der Deutschen Gesellschaft e.V.

2. leicht veränderte Nachauflage 2025

herausgegeben von Sibylle Badstübner-Gröger

Fotos/Repros:

Volkmar Billeb – Abb. U 1, 6, 8-10, 16, 19-21,
23, 24, 25, U4

Aus: Alexander Duncker, Die ländlichen Wohnsitze ...
Berlin 1861, Bd. 4, Blatt 196. – Abb. 5, 18

Alexandrine Müller-Wusterwitz – Abb. 1, 3, 7
11, 13, 17, 22.

Staatsbibliothek Berlin (PK)
Kartenabteilung – Abb. 2, 4

Zeichnungen:

Dr. Geiser – Abb. 15
Christine Herzog – Abb. 14

Abbildung U 1: Gartenseite des Schlosses.
Aufnahme 2006

Abbildung U 4: Detail der Balkonverzierung über
dem Eingangsportal. Aufnahme 2006

Gedruckt mit freundlicher Unterstützung vom
„Freundeskreis Speicher und Schloss Landin e.V.“.

Gestaltung Detlef Becker, Linie Drei, Berlin

Die Deutsche Nationalbibliothek CIP Einheitsaufnahme
Die Deutsche Nationalbibliothek verzeichnet diese
Publikation in der Deutschen Nationalbibliografie;
detaillierte bibliografische Daten sind im Internet unter
http://dnb.d-nb.de abrufbar.

Bäßler © hendrik Bäßler verlag, berlin
Fon: 030 24 08 58 56
Fax: 030 2 49 26 53
E-Mail: info@baeslerverlag.de
www.edition-schloesser-gaerten.de

2. Auflage

ISBN 978-3-910447-55-4

Freundeskreis Schlösser und Gärten der Mark in der Deutsche Gesellschaft e.V.
Eingetragener Verein zur Förderung politischer,kultureller und sozialer Beziehungen in Europa

Mauerstraße 83/84 • 10117 Berlin-Mitte
Tel. 030/88 41 22 66 und 88 41 21 41
freundeskreis@deutsche-gesellschaft-ev.de • www.deutsche-gesellschaft-ev.de

Spendenkonto: Deutsche Gesellschaft e.V. • Berliner Sparkasse
IBAN: DE 48 1005 0000 2970 0067 85 • BIC: BELADEBEXXX
Kennwort: Schlösser und Gärten

Die Deutsche Gesellschaft kann für Ihre Spende eine Bescheinigung für steuerlichen Abzug ausstellen.

Schlösser und Herrenhäuser in den Ländern Brandenburg und Berlin, bisher vom Freundeskreis herausgegeben.

Die Erstausgaben der Broschüren Caputh, Königswusterhausen, Oranienburg, Paretz und Rheinsberg betrafen Schlösser, die jetzt zur Stiftung Preussische Schlösser und Gärten Berlin-Brandenburg gehören, sind teilweise auch weiterhin erhältlich.

Die (*) gekennzeichneten Publikationen sind vergriffen.

Boitzenburg · Felchow · Ganz · Groß Fredenwalde · Herzfelde

Criewen · Fredersdorf · Garz* · Groß Leuthen · Hohenlandin

Dahlwitz/Hoppegarten · Freienwalde · Genshagen · Groß Machnow · Hoppenrade/Oberh.

Alt Madlitz · Belzig · Dahme/Mark · Fretzdorf · Gentzrode · Groß Rietz · Hoppenrade/Prign.*

Ahlsdorf* · Badingen · Berlin-Buch · Demerthin · Freyenstein · Goldbeck · Groß Ziethen · Horst*

Altdöbern* · Baruth · Berlin-Neukladow · Diedersdorf/Märk.-Oderl. · Friedersdorf · Golßen · Grube · Jahnsfelde

Altfriedland/Kunersdorf · Beesdau · Blankensee · Diedersdorf/Telt-Fläm. · Fürstlich Drehna · Großkmehlen* · Güterfelde · Kartzow

Altlandsberg · Beeskow · Blumberg · Doberlug-Kirchhain · Fürstenwalde · Groß Behnitz · Gusow · Karwe

Altranft · Behlendorf · Börnicke* · Drewen · Gadow · Groß Kreutz · Heinersdorf* · Kleßen